11/20

Tadpole Books are published by Jump!, 5357 Penn Avenue South, Minneapolis, MN 55419, www.jumplibrary.com

Copyright ©2020 Jump. International copyright reserved in all countries. No part of this book may be reproduced in any form without written permission from the publisher.

Editor: Jenna Trnka   **Designer:** Michelle Sonnek   **Translator:** Annette Granat

Photo Credits: efilippou/iStock, cover; Marco Uliana/Shutterstock, 1, 2mr, 10–11; Mircea Costina/Shutterstock, 2bl, 3; Shishka4/Shutterstock, 4–5; Brian Bevananthe/Pantheon/SuperStock, 2tr, 6–7; Ant Cooper/Shutterstock, 2ml, 8–9; Nature PL/SuperStock, 2br, 12–13, 16; Cristina Romera Palma/Shutterstock, 2tl, 14–15.

Library of Congress Cataloging-in-Publication Data is available at www.loc.gov or upon request from the publisher.
ISBN: 978-1-64128-993-1 (hardcover)
ISBN: 978-1-64128-994-8 (ebook)

INSECTOS EN TU JARDÍN

VEO AVISPAS

por Genevieve Nilsen

TABLA DE CONTENIDO

tadpole
en español

PALABRAS A SABER

aguijón

alas

amarillo

azul

panal

roja

VEO AVISPAS

panal

Veo un panal.

3

¿Qué hay en él?

avispa

¡Avispas!

ala

Tienen alas.

Salen volando.

amarillo

Esta avispa es de color negro y amarillo.

¡Esta es azul!

¡Esta es roja!

13

aguijón ·····▶

Esta tiene
un aguijón.

¡No nos acercamos!

15

¡REPASEMOS!

No todas las avispas son de color negro y amarillo. ¡Pueden ser de distintos colores! ¿De qué color es esta avispa?

ÍNDICE